W0366860

Können Kühe rülpsen?

Haben alle Marienkäfer Punkte?

Warum züngeln Schlangen?

Ist das Nilpferd ein Pferd?

Warum bleiben Spinnen nicht selbst in ihrem Netz hängen?

Was macht ein Tintenfisch mit der Tinte?

Hat ein Tausendfüßler wirklich 1 000 Füße?

Warum fallen Vögel beim Schlafen nicht vom Baum?

Was wäscht eigentlich der Waschbär?

Warum haben Zebras Streifen?

Impressum

Aus der Reihe
„Was Kinder wissen wollen“
Velber Verlag
10. Auflage 2010
© 2002 Family Media GmbH & Co. KG,
Freiburg i. Br.
Alle Rechte vorbehalten

Illustrationen: Detlef Kersten
Coverfoto: Nils Reinhard
Fotos: Frank Hecker (37); Okapia (Seite 25); Nils Reinhard (43); Dr. F. Sauer / Hecker (39); istockphoto (7-23, 27-35, 41, 45)

Text und Redaktion: Ulrike Berger
Layoutentwurf: Christoph von Herrath
Layout: Anja Schmidt
Druck und Bindung: Proost, Belgien

ISBN 978-3-86613-072-2

Was wäscht der Waschbär?

Verblüffende Antworten aus der Tierwelt

velber

Frieren Eisbären nie?

Eisbären leben am Nordpol – dort, wo es bitterkalt ist. Aber selbst bei minus 60 Grad frieren Eisbären nicht! Denn sie haben ein besonders warmes Fell. An diesem Fell perlt sogar das eiskalte Polarwasser ab!
Außerdem haben Eisbären eine dicke Speckschicht unter dem Fell. Die hält auch im schlimmsten Schneesturm richtig warm.

Name:	Eisbär
Größe:	2 bis 3,5 m; Schwanz ca. 10 cm
Heimat:	Arktis, Nordkanada
Nahrung:	Robben, Fische, Walrosse
Nachwuchs:	meist 2 Junge
Alter:	bis 40 Jahre

Warum haben Elefanten so große Ohren?

Elefanten, die in heißen Gegenden wie Afrika leben, müssen aufpassen, dass ihnen nicht zu warm wird. Wenn ihr Körper zu heiß wird, müssen sie sterben. Deshalb müssen sie die Hitze wieder nach außen abgeben. Tiere können Hitze über die Haut loswerden. Je mehr Haut Tiere in heißen Ländern haben, desto besser für sie. Elefanten haben also diese riesigen Ohren, weil sie dann mehr Haut haben.

Große Ohren können viel Hitze nach außen abgeben. Dadurch wird das Blut in den Ohren kühler – und den Elefanten ist nicht mehr so heiß.

Übrigens:
Bei den Eisbären am Nordpol ist es genau anders herum. Sie haben besonders kleine Ohren – damit sie viel Wärme behalten!

Name:	Afrikanischer Elefant
Größe:	4 bis 5 m
Nahrung:	Gras, Blätter, Früchte, Wurzeln
Alter:	60 bis 80 Jahre

Sind Faultiere wirklich faul?

Faultiere sind ziemlich faule Tiere. Sie schlafen täglich 15 Stunden und mehr! Und wenn sie sich mal bewegen, dann ganz langsam und träge. Faultiere können sich diese Faulheit leisten. Denn die Blätter des Waldes wachsen ihnen wie im Schlaraffenland fast ins Maul.

Und weil Faultiere sich kaum bewegen, brauchen sie kaum Kraft. Daher müssen sie auch nicht so viel fressen. Faultiere sind also Meister im Energiesparen!
Die Faulheit ist übrigens auch ein Überlebenstrick. Da Faultiere sich kaum bewegen, endeckt man sie nicht. So sind sie gut vor Feinden geschützt.

Name:	Faultier
Heimat:	Mittel- und Südamerika
Größe:	50 bis 80 cm
Gewicht:	4 bis 10 kg
Nahrung:	Blätter, Zweige, Früchte

Müssen Fische auch trinken?

Alle Lebewesen dieser Erde brauchen Wasser, um nicht zu verdursten. Also auch Fische wie dieser Clownfisch. Sie trinken, indem sie das Wasser in sich hineinfließen lassen. Aber Fische im Salzwasser haben ein Problem – denn Salzwasser ist gefährlich. Salz trocknet den Körper nämlich aus. Darum darfst du auch kein Salzwasser trinken!
Fische haben eine Lösung für dieses Problem: Sie trinken das Salzwasser – und drücken das Salz sofort wieder zu den Kiemen hinaus. So kommt nur salzfreies Wasser in den Körper.

Name:	Clownfisch
Familie:	Anemonenfische
Größe:	6 cm
Heimat:	Westpazifik
Lebensweise:	eine Familie wohnt zusammen in einer Anemone
Nahrung:	Plankton und Algen

Warum sind Flamingos rosa?

Wenn kleine Kinder sehr, sehr viele Karotten essen, nimmt ihre Haut allmählich eine rötliche Farbe an. Grund dafür ist ein Farbstoff in der Karotte, das „Karotin“. Dieses Karotin ist auch in manchen Krebsen und Algen. Und Krebse und Algen sind die Hauptnahrung von Flamingos. Je mehr Krebse Flamingos also fressen, desto mehr färben sich ihre Federn rosa.

Name:	Flamingo
Länge:	80 bis 130 cm; Schwanz ca. 25 cm
Gewicht:	1,5 bis 3 kg
Gefieder:	rosa bis tiefrot
Alter:	über 30 Jahre
Heimat:	Mittel- und Südamerika, Afrika, Südeuropa, Asien

Warum hecheln Hunde?

Manche Leute denken, dass Hunde hecheln, weil sie Durst haben. Das stimmt nicht. Hunde, wie diese Retriever, hecheln, weil sie nicht schwitzen können!
Schwitzen ist ein Trick des Körpers. Deine Haut kühlt ab, wenn Luft an den Schweiß kommt. Besonders gut kannst du das spüren, wenn du aus einem Schwimmbecken steigst. Sobald ein leichter Wind über deine nasse Haut weht, fängst du sofort an zu frösteln.
Hunde haben keine Schweißdrüsen. Also müssen sie sich anders kühlen.

Wenn Hunden warm wird, lassen sie ihre feuchte Zunge aus dem Maul hängen und blasen Atemluft darüber – sie hecheln also. Dadurch kühlt ihre Zunge ab. Und das gekühlte Blut fließt dann von der Zunge durch den ganzen Körper des Hundes.

Name:	Golden Retriever
Größe:	51 bis 61 cm
Gewicht:	27 bis 37 kg
Heimat:	ursprünglich Großbritannien, heute weltweit
Alter:	12 bis 14 Jahre

Wie viele Stacheln hat ein Igel?

Ein erwachsener Igel hat 7 000 bis 8 000 Stacheln.
Wenn kleine Igel auf die Welt kommen, sind sie nackt. Ihre Haut ist mit viel Wasser gefüllt. In diese Haut sind mehrere hundert weiße „Erstlingsstacheln“ eingebettet. Wenige Stunden nach der Geburt trocknet dieses Wasser aus. Erst dann kommen die kleinen Stacheln hervor. Sie sind nur sechs bis acht Millimeter lang, weich und biegsam. Nach sechs Wochen verlieren die kleinen Igel ihre Erstlingsstacheln. Nun bekommen sie 7 000 bis 8 000 lange Erwachsenenstacheln.

Name:	Europäischer Igel
Größe:	22 bis 27 cm
Gewicht:	ca. 1 kg
Heimat:	Europa
Nahrung:	Würmer, Spinnen, Insekten
Nachwuchs:	einmal im Jahr 4 bis 5 Junge

Warum haben Kamele Höcker?

Kamelhöcker sind Vorratsspeicher. In diesen Vorratskammen lagern Kamele Fett. Das Fett ist eine gute Energiereserve. Wenn ein Kamel keinen Höcker mehr hat, hat es nicht genug gefressen. Sobald es Futter bekommt, füllt sich der Höcker wieder.
Im Höcker ist also kein Wasser, wie viele Menschen denken! Trotzdem können Kamele dreimal länger ohne Wasser auskommen als ein Mensch. Denn sie verbrauchen viel weniger Wasser. Ein Grund dafür ist ihre besondere Nase. Normalerweise ist nämlich in der Luft, die wir ausatmen, viel Feuchtigkeit. Das merkst du, wenn du eine kalte Fensterscheibe anhauchst. Dann siehst du das Wasser aus der Atemluft als Tröpfchen an der Scheibe. Kamele atmen durch ihre Nase fast keine Feuchtigkeit aus. Dadurch bleibt mehr Wasser in den Kamelen zurück und Kamele müssen nicht so schnell wieder trinken.

Name:	Dromedar
Familie:	Kamele
Heimat:	Nord- und Ostafrika, West- und Südasien

Wie kommt das kleine Känguru in den Beutel?

Kleine Kängurus kommen nicht im Beutel der Mutter zur Welt, sondern außerhalb – zwischen den Beinen der Mutter. Ein Känguru-Baby ist bei der Geburt blind, taub und nur so groß wie eine Haselnuss! Sofort nach der Geburt klettert es zum Beutel hinauf. Das Baby-Känguru findet den Beutel-Eingang nur durch seinen Geruchssinn. Diesen langen Weg muss es ganz alleine schaffen. Die Mutter hilft ihm nur, indem sie während der Kletterpartie still liegen bleibt.

Im Beutel angekommen, nimmt der Winzling eine Zitze der Mutter in den Mund und beginnt sofort zu saugen. Erst nach einem halben Jahr kommt das kleine Känguru zum ersten Mal aus dem Beutel heraus. Und es dauert noch mal ein halbes Jahr, bis das kleine Känguru endgültig so groß ist, dass es nicht mehr in den Beutel darf.

Warum leuchten Katzenaugen in der Nacht?

Leoparden sind wie alle Katzen Nachttiere. Sie müssen im Dunkeln gut sehen können. Deshalb haben alle Katzen im Auge eine besondere Haut. Diese Haut heißt Tapetum. Sie wirkt ein bisschen wie ein Spiegel.

Das Tapetum strahlt einen Teil des Lichts, das Katzen in die Augen fällt, wieder zurück. Wenn also nachts Licht auf Katzenaugen scheint, blinken die Augen auf wie zwei glühende Scheiben.

Name:	Leopard
Größe:	1 bis 2 m; Schwanz ca. 1 m
Heimat:	Afrika, Zentral-, Süd- und Ostasien
Nahrung:	kleine Tiere (z. B. Mistkäfer), aber auch größere Tiere als der Leopard selbst (Antilopen)

Können Kühe rülpsen?

Kühe sind Meister im Rülpsen. Denn sie können ihre Speiseröhre so öffnen, dass die Luft fast lautlos entweicht. Würden Kühe so laut rülpsen, wie Menschen das tun, dann könnte man Kühe schon von weitem hören.
Aber warum müssen Kühe ständig rülpsen?
Kühe haben vier verschiedene Mägen, um Grünfutter gut verdauen zu können. In einem Magen, dem Pansen, wird das Gras mit Hilfe von Bakterien verdaut. Dabei entsteht viel Luft. Diese Luft muss aus dem Magen der Kuh wieder raus. Der einfachste Weg ist, die Luft aus dem Maul entweichen zu lassen. Und deswegen rülpsen Kühe andauernd.

Name:	Milchkuh
Gewicht:	bis 1 200 kg (Stier) bis 750 kg (Kuh)
Heimat:	weltweit
Nahrung:	Gras, Heu, Rüben, Getreide

Haben alle Marienkäfer Punkte?

Es gibt Zweipunkt-Marienkäfer, Vierzehnpunkt-Marienkäfer, Zweiundzwanzgigpunkt-Marienkäfer und viele, viele Marienkäfer mehr. Es gibt fast 4300 verschiedene Arten von Marienkäfern auf der Welt! Manchmal verschmelzen die Punkte so sehr miteinander, dass der ganze Marienkäfer schwarz ist. Dann sieht es aus, als ob der Marienkäfer keine Punkte hätte. Es gibt auch Marienkäfer, die Streifen haben!

Übrigens:
Die Anzahl der Punkte hat nichts mit dem Alter der Käfer zu tun. Alle Marienkäfer mit der gleichen Punktezahl gehören zu einer Familie. Die kleinen Marienkäfer haben also von Anfang an die gleiche Anzahl von Punkten auf ihren Flügeln, die sie später auch als erwachsene Marienkäfer haben.

Name:	Siebenpunkt-Marienkäfer
Größe:	1 bis 15 mm
Heimat:	weltweit – überall, wo es Blätter gibt
Nahrung:	Manche Arten sind Pflanzenfresser. Die meisten fressen aber Insekten.

Ist das Nilpferd ein Pferd?

Mit Pferden haben Nilpferde nichts zu tun. Aber die alten Griechen nannten diese Tiere bereits „hippopotamus“, das bedeutet Flusspferd. „Hippo“ heißt nämlich „Pferd“.
Und daher kommt es, dass dieses Tier auch in vielen anderen Sprachen so heißt: zum Beispiel auf Englisch „hippopotamus“, auf Französisch „hippopotame“.
Auf Deutsch sagt man „Flusspferd“ oder „Nilpferd“, weil früher viele dieser Tiere am Nil in Afrika lebten.

Name:	Flusspferd
Größe:	2,5 bis 3 m
Gewicht:	1,4 bis 1,5 Tonnen
Heimat:	Afrika
Nahrung:	Gras

Eigentlich sind Flusspferde mit den Schweinen verwandt. Genau genommen müssten sie also Flussschweine heißen!

Warum züngeln Schlangen?

Immer wieder strecken Klapperschlangen ihre Zunge heraus und ziehen sie sofort wieder zurück. Das machen sie, um ihre Umgebung zu erkunden. Denn Schlangen können nur sehr schlecht sehen und hören. Mit der Zungenspitze fangen sie Gerüche auf. Dann stecken sie die Zungenspitze in zwei kleine Gruben oben im Gaumen. Dort sitzt das „Jacobson'sche Organ". Dieses Organ erkennt, ob ein interessanter Duft oder Geschmack in der Luft liegt: zum Beispiel, ob eine Maus oder ein anderes Beutetier in der Nähe ist.

Name:	Klapperschlange
Größe:	1 bis 1,5 m
Heimat:	Mittel- und Südamerika
Nahrung:	Nagetiere, Vögel
Nachwuchs:	Klapperschlangen sind lebendgebährend

Übrigens:

Schlangen können auch bei geschlossenem Mund züngeln. Denn ein kleiner Spalt im Kiefer bleibt immer offen.

Warum bleiben Spinnen nicht selbst in ihrem Netz hängen?

Manchmal passiert es, dass Spinnen in ihrem eigenen Netz hängen bleiben. Aber nur ganz selten. Denn Spinnen haben verschiedene praktische Lösungen, damit das nicht passiert.

Manche Spinnen, wie zum Beispiel die Wespenspinnen, benutzen zwei verschiedene Fäden, wenn sie ihr Netz bauen. Ein Faden ist klebrig, an diesem bleibt die Beute kleben. Der andere Faden klebt nicht, auf diesem läuft die Spinne. Und die Spinne weiß natürlich, welcher Faden sicher ist.
Andere Spinnen haben ganz leicht ölige Füße. So bleiben sie auf den klebrigen Fäden nicht hängen.

Name:	Wespenspinne
Familie:	Radnetzspinnen
Größe:	2 cm (Weibchen) 5 mm (Männchen)
Heimat:	Europa
Besonderes:	Nach der Paarung frisst das Weibchen das Männchen auf.

Hat ein Tausendfüßler wirklich 1 000 Füße?

Name:	Schnurfüßer
Klasse:	Tausendfüßler
Größe:	0,8 bis 8 cm
Heimat:	Europa, Asien
Nahrung:	Pflanzen, Aas
Besonderes:	Sie rollen sich bei Berührung zusammen und geben eine giftige Substanz ab.

Tausendfüßler sind Gliedertiere. Das heißt, ihr Körper ist in viele kleine einzelne Teile gegliedert. An jedem Glied sind zwei Beinpaare. Es gibt über 10 000 verschiedene Arten von Tausendfüßlern. Aber keine einzige Art hat wirklich tausend Füße.

Jungtiere haben am Anfang sogar nur ganz wenige Beine. Erst wenn Tausendfüßler wachsen, kommen weitere Beine dazu. Der Rekord liegt bei 750 Beinen.

Was macht ein Tintenfisch mit der Tinte?

Der Tintenfisch schützt sich mit seiner Tinte vor Feinden. Bei Gefahr drückt der Tintenfisch die Tinte nämlich aus seinem Körper hinaus. Dadurch bildet sich hinter ihm eine dichte schwarze Wolke. Das verwirrt den Angreifer, denn er kann nichts mehr sehen. Und diesen Moment nützt der Tintenfisch aus und bringt sich in Sicherheit.

Übrigens:
Tintenfisch-Tinte kann man wirklich zum Schreiben oder Zeichnen verwenden. Die Tusche, die aus dem Tintenbeutel des Tintenfisches kommt, heißt „Sepia“. Schau mal in deinem Wasserfarbkasten nach, wie die schwarze Farbe dort heißt!

Name:	Gewöhnlicher Krake (Jungtier)
Klasse:	Kopffüßer
Größe:	bis 1 m
Heimat:	Atlantischer Ozean
Besonderes:	Die Augen der Kraken sind ganz ähnlich gebaut wie menschliche Augen.

Warum fallen Vögel beim Schlafen nicht vom Baum?

Vögel haben eine „Klemmsicherung“ in den Füßen. Diese funktioniert wie eine Wäscheklammer. Wenn sich Vögel auf einen Ast setzen, kippen sie ein bisschen nach hinten. Dadurch schnappt die „Wäscheklammer“ zu.
Solange Vögel so sitzen, können sie ihre Füße nicht mehr vom Ast lösen. Wenn ein Vogel wegfliegen will, muss er zuerst ein paar Mal mit den Flügeln schlagen. Dadurch hebt er sich ein bisschen nach oben. Dann erst kann er die Zehen wieder vom Ast lösen.

Name:	Ara
Größe:	1 Meter
Heimat:	Südamerika
Nahrung:	Samen, Früchte, Nüsse

Was wäscht eigentlich der Waschbär?

In einem Zoo kannst du manchmal beobachten, wie der Waschbär die Nahrung mit seinen beweglichen Fingern im Wasser hin- und herschwenkt. Weil das aussieht, als ob er seine Nahrung waschen würde, nennt man ihn Waschbär.
In der freien Natur „wäscht“ der Waschbär allerdings nicht! Dort sucht und tastet er mit seinen empfindlichen Pfoten im Wasser nach Nahrung.
Wenn er im Zoo ist, kann er seine Nahrung nicht mehr selbst fangen. Darum tut er so – und „wäscht“ das Futter, das er bekommt.

Name:	Waschbär
Größe:	60 bis 65 cm; Schwanz ca. 25 cm
Heimat:	ursprünglich Nordamerika, inzwischen auch Deutschland
Nahrung:	Frösche, Fische, Vogeleier, Obst

Warum haben Zebras Streifen?

Name:	Zebra
Größe:	2,2 bis 2,5 m; Schwanz ca. 50 cm
Heimat:	Ost- und Südafrika
Nahrung:	Gras, Blätter

Viele Menschen haben überlegt, warum Zebras so auffällige Streifen haben. Es gibt mehrere Erklärungen.

1. Zebras leben in Herden in der heißen Savanne. Bei großer Hitze beginnt die Luft zu flimmern. Dadurch verwischen die Streifen der Zebras. Jetzt kann ein Raubtier den Umriss eines einzelnen Zebras nicht mehr erkennen.

2. In der Dämmerung sind Zebras kaum zu sehen. Der Grund dafür müssen die Streifen sein. Denn sie scheinen die Augen nachts besonders zu verwirren. Für Zebras ist es lebenswichtig, dass sie im Dämmerlicht nicht zu sehen sind. Denn jetzt erst gehen Feinde wie Löwen oder Geparde auf die Jagd.

Welche Antwort wohl richtig ist? Vielleicht haben Zebras die Streifen nur, weil sie ihnen gut gefallen? Leider können die Zebras unsere Fragen nicht beantworten. Und so rätseln wir weiter, warum Zebras Streifen haben.

Was Kinder wissen wollen

In der Reihe „Was Kinder wissen wollen" sind bereits folgende Titel erschienen:

Was wäscht der Waschbär?
Verblüffende Antworten aus der Tierwelt

ISBN 978-3-86613-072-2

Woher kommen Blitz und Donner?
Verblüffende Antworten über Himmel und Erde

ISBN 978-3-86613-073-9

Warum haben wir zehn Zehen?
Verblüffende Antworten über den Körper

ISBN 978-3-86613-200-9

Wie kommen die Streifen in die Zahnpasta?
Verblüffende Antworten aus dem Alltag

ISBN 978-3-86613-201-6

Hatten Dinos Karies?
Verblüffende Antworten über die Saurier

ISBN 978-3-86613-239-9

Woher weiß der Toast, wann er fertig ist?
Verblüffende Antworten aus dem Alltag

ISBN 978-3-86613-240-5

Wie viele Höcker hat ein Kamel?
Verblüffende Antworten aus der Tierwelt

ISBN 978-3-86613-256-6

Wie spült die Klospülung?
Verblüffende Antworten über Technik

ISBN 978-3-86613-257-3

Können Schmetterlinge hören?
Verblüffende Antworten über kleine Tiere

ISBN 978-3-86613-227-6

Was spuckt ein Vulkan?
Verblüffende Antworten über Naturgewalten

ISBN 978-3-86613-228-3

Wo ist im Weltalll oben und unten?
Verblüffende Antworten über den Kosmos

ISBN 978-3-86613-237-5

Welche Pflanzen haben Zähne?
Verblüffende Antworten über Pflanzen

ISBN 978-3-86613-610-6

Wie kommt der Ritter in die Rüstung?
Verblüffende Antworten über das Mittelalter

ISBN 978-3-86613-270-2

Wie macht die Kuh die Milch?
Verblüffende Antworten über den Bauernhof

ISBN 978-3-86613-269-6

Können Fische rülpsen?
Verblüffende Antworten über das Meer

ISBN 978-3-86613-282-5

Warum hat ein Bagger Zähne?
Verblüffende Antworten über Baustellen

ISBN 978-3-86613-283-2

Warum stinkt der Käse?
Verblüffende Antworten über Essen und Trinken

ISBN 978-3-86613-293-1

Warum tragen Indianer Federn?
Verblüffende Antworten über Indianer

ISBN 978-3-86613-294-8

Wann darf der Lokführer aufs Klo?
Verblüffende Antworten über die Bahn

ISBN 978-3-86613-524-6

Wo beginnt der Regenbogen?
Verblüffende Antworten über Himmel und Erde

ISBN 978-3-86613-507-9

Wie schnell ist die Feuerwehr?
Verblüffende Antworten über die Feuerwehr

ISBN 978-3-86613-523-9

Frieren Pinguine an den Füßen?
Verblüffende Antworten über Eis und Schnee

ISBN 978-3-86613-525-3

Wie kommt der Fisch in die Stäbchen?
Verblüffende Antworten aus dem Alltag

ISBN 978-3-86613-533-8